KB214103

값싼 은혜와 구원에 속지 말라

-쉬운 회개, 쉬운 믿음-

값싼 은혜와 구원에
속지 말라

-쉬운 회개, 쉬운 믿음-

이기승 목사

신교횃불

들어가는 말

　살아계신 거룩하신 주 하나님, 창조creation의 하나님은 이 세상 (우리)을 사랑하셔서 독생자 예수 그리스도를 보내시고 화목제물로 내어주심으로써[1] **구원salvation의 하나님**이 되셨다. 예수 그리스도는 하늘 영광의 보좌를 비우시고kenosis 세상에 오실 때 종의 모습을 입으셨고, 십자가를 지실 만큼 자신을 낮추셨으므로Tapeinosis 하나님은 그를 지극히 높이셔서 주Adonai라는 이름을 주셔서 하늘에 있는 천사들, 땅 위의 사람들, 그리고 땅 아래 귀신들까지도 그분을 주Adonai로 고백하고 예배하게 하셨다.[2]

　그러므로 누구든지 참되게 회개하고[3] 복음[4]을 믿는 자는 의롭다함을 받아justification through faith[5] 하나님의 자녀의 지위를 얻게 된다. 그에 따른 영적 유익과 복은 어마어마하다.

　그런데 요한Gospel of John이 말한 바와 같이 위에서 난 자, 즉 하나님께로부터 난 자, 다시 말해 참된 회개와 믿음을 통하여 거듭난 Regeneration 자들에게는 분명한 표지[6]가 따른다. 만일 표지가 없다면, 그것은 거짓일 것이다. 교회 안에 있다고 해서 모두 다 신자는 아니다. 중생하지도 않은 채 신자 노릇은 얼마든지 할 수 있다. 그렇다면 그 신자 노릇은 거룩하신 하나님을 속이고 스스로 속는 것 self deception 혹은 속이는 것이 될 수 있다. 성경 말씀에 의하면, 그것은 마지막 심판 때 여실히 증명될 것이다.

내가 소중히 여기는 낡은 지갑이 하나 있다. 사랑하는 이로부터 받은 선물이기에 소중히 여긴다. 그런데 그 안에는 약간의 돈이 들어 있다. 말하자면 돈지갑이다. 그런데 여기에 종이를 넣어두었다 하자! 얼마만 한 세월이 지나가면 돈이 될 수 있을까? 10년, 20년……. 그 이상 오랜 세월을 넣어두어도 종이는 돈으로 변하지 않는다. 종이는 그냥 종이다! 수십 년 신앙생활(?) 해도 거듭나지 않은 자는 종교인이지 신자 혹은 성도는 아니다. 거듭남과 그에 따른 표지가 없다면, 그것은 헛된 믿음, 죽은 믿음에 불과하다. 설령 봉사와 수고를 많이 하고, 십일조를 비롯한 각종 헌금 등을 바친다 해도, 그것은 자기 위로self-consolation, 자기 만족self-satisfaction에 불과하다.[7] 혹은 요행(세속적인 번영과 축복)을 바라면서 슬랏 머신slat machine에 돈을 집어넣는 거룩한(?) 투기와 같다고 할까? 그와 같은 정신적 심리적 현상이 결코 없다고 단정할 수 있을까? 그 모든 것은 구원의 은혜에 대한 감사에서 우러나야 함에도 불구하고 그렇지 않은 경우가 많이 있을 것이다.

나는 소위 기독교 가정 3대에 속한 사람이고, 한없이 부족하지만 하나님의 종 목회자다. 나는 은퇴를 눈앞에 둔 현시점에서도 "나는 구원받은 하나님의 자녀일까?" 하고 스스로에게 질문을 던진다. 그리고 그렇게 하는 까닭은 나뿐 아니라 모든 사람을 깨우기 위함이다. 구원은 목회자의 지위와 별개의 문제다. 목회자라서 구원의 은혜를 입는 것이 아니라 주 예수를 믿기 때문에 구원을 얻는 것이고, 구원의 은혜가 감사하기에 그에 합당한 헌신을 하는 것이다. 구원의 은혜를 헛되게 하지 않기 위해 노력[8]하는 것이다. 물론 목회자의 경우, 부름의 소명이 따로 있지만.

　그런데 40여 년을 목회해 오는 동안, 나는 참된 신자들을 만났고, 거듭나지 않은 종교인들도 많이 만났고 보았다. 그러기에 고민도 많이 했다. 종교인들을 진리로 인도하기 위해 애를 많이 썼다. 하지만 나의 부족함 탓인지 그들은 좀처럼 변화되지 않았다. 말씀을 열심히 선포하고 성경말씀을 부지런히 가르치기도 했다. 그리고 그들을 위해 성령님의 도우심과 역사를 간구하며 울부짖으며 중보기도도 했지만, 변화의 낌새는 없었다. 어찌된 영문일까? 결국 나의 무능의 탓일까?

　고민에 고민을 거듭하는 가운데 나는 이 글을 쓰기로 작정했다. 혹 이 글을 읽는 자들의 자기발견과 구원의 확신 그리고 영적 각성에 조금이라도 도움을 주고 싶은 간절한 마음 때문이었다.

혹 이 글에 부족함이 발견되거든 스스럼없이 가르쳐주기를 바란다. 나는 누구로부터도 바른 가르침을 받고자 하는 마음을 가진 자다. 가르침이라고 하면 어린아이에게서도 배울 수 있고 또 배워야 한다.

아무쪼록 모든 사람이 주 예수를 바로 믿어 구원에 이르기를 기도한다. 구원의 은혜는 신자들의 책임과 윤리적 삶을 무시하거나 부정하지 않는다![9] 오히려 그것들을 강력히 요청한다.

2021. 11 11
이성산성 자락에서
이기승

목 차

1. 값싼 은혜와 값싼 구원에 속지 말라
-쉬운 회개와 쉬운 믿음

요즈음에는 우리의 삶의 모든 영역에서 진짜보다 가짜fake가 판을 친다. 영국인은 물건을 살 때 "이건 신사 숙녀가 사용하는 것이요?", 독일인은 "이건 실용적인 것이요?", 그리고 일본인은 "이것이 얼마나 단단하고 오래 갈 수 있는 것이요?" 하고 묻는다는데, 예로부터 우리나라 사람은 "이건 진짜요, 가짜요?" 하고 물었다고 한다. 많이 속임을 당한 트라우마trauma에서 비롯된 현상일까? 이는 우리 민족을 비하하는 말이 결코 아니다. 단지 예전은 고사하고 현재도 우리 삶의 모든 영역에 가짜가 판을 치는 현실에 우리는 편승하고 있다는 사실을 환기하고자 하는 의도에서 말하는 것이다.

그런데 심각한 것은 기독 신앙의 영역에도 가짜가 넘친다는 사실이다. 교회 건물은 맘모스처럼 크게 확장[10]되고 있고 사람들은 많이 모이지만, 누군가가 지적한 바와 같이 교회 안에는 사생아들, 거듭나서 하나님의 친자녀가 되지 못한 종교인들이 가득하다. 예배를 위시한 행사들은 종교놀이로 전락해 가고 있고, 신앙은 예배 후의 실생활에 아무런 영향도 주지 못하고, 오로지 실존적으로 불안한 자신에게 위안을 제공하거나 현실적인 모순과 고난에서 도피하고자 하는 자기 도피 심리 기재 이외에 아무것도 아니라는 비판을 맹렬히 받고 있다. 말하자면 신앙과 삶이 일치되지 못하고 분리된 것은 신앙이 살아있는 참 신앙이 아니고 죽은 **거짓 신앙**false faith이거나 **유사 신앙**pseudo faith이기 때문이라는 것이다.

내가 보기에도 구원받지 못한 목회자들을 위시하여 많은 사람이 거룩한 신자의 이름으로 교회 문을 들락거리며 또한 강대상 위에 오르고 있다. 아무리 훑어보아도 그들에게는 구원받은 표지 혹은 증거가 없다. 왜 그럴까?

그동안 거듭나지 못한 목회자들이 너무 쉬운 회개와 믿음을 강조한 탓이 아닐까? 혹은 세속적인 인기와 성공에 집착한 나머지[11] 종교인들이 거짓 신앙과 유사 신앙에 안주하는 것을 정당화해 주었기 때문[12]이 아닐까? 회개한다고 하지만 삶의 변화가 없는 감상적인 회개(가룟 유다처럼 감성적인 뉘우침 혹은 후회는 회개가 아니다), 그리고 순종과 헌신 혹은 제자도의 실천이 없는 싸늘한 교리나 낭만적인 **믿음주의**[13]faithism에 매달리도록 부추기고 독려했기 때문이 아닐까?

내가 개인적으로 만난 어느 정규 신학대학을 나온 목회자는 출중한 외모, 부드럽고 감미로운 음성, 그리고 훌륭한 매너Manner로 그가 사역(?)하는 교회에서 인기가 절정에 달했다. 신자들은 그에게 푹 빠졌다! 그런데 그는 밤늦게 사택을 나서서 술을 마시다가 이른 새벽이 되어서야 사택에 들어왔다. 어떤 때는 담을 넘어서 들어왔다. 설교할 때는 어느 유명한 목사의 설교집을 찢어서 강대상에 오른다. 사모를 폭행하다가 초인종 소리가 나고 그 교회 한 성도가 사택에 들어오면 일순간 태도가 일변하여 "우리 사모님~, 우리 사모님~" 하면서 마치 사모를 열심히 사랑하고 아끼는 듯 위선을 부린다. 한번은 꽃병으로 머리를 내리찍어서 사모의 머리가 거의 10cm 찢어져서 봉합하기도 했다. 2km 정도 떨어진 처가 집에 갈 때는, 한 손으로 운전대를 잡고 한 손으로는 "이년" 하면서 사모의 가슴을 내리쳤다. 이런 일은 다반사였고, 사모의 가슴에는 시커먼 멍이 들었다. 실로 그는 지킬 박사와 하이드 같은 목회자였다.

그는 운이 좋게(?) 유학을 떠났다. 유학 시절, 사모를 얼마나 두들겨 팼는지, 눈과 얼굴이 시퍼렇게 퉁퉁 부어오른 사모님은 어느 날 한국 유학생들의 모임에 나가지 못했다. 그를 향해 한국 유학생들이 "사모님은 모임에 왜 안 나오셨나요?" 하고 물으니 금식기도 중이라서 못 나온다고 말했다. 폭행에 시달리다가 더 이상 살 수도 없고 생명에 위협을 느낀 사모님은 쉘터[14]shelter로 급히 피난 간 후에 간신히 목숨을 구하고 안정을 찾을 수 있었다. 두 사람은 결국 헤어지고 말았다! 나를 모처에서 개인적으로 만난 사모님은 눈물을 펑펑 쏟으면서 두 시간 동안 이 모든 사실을 내게 털어놓았다.

참으로 그 목회자는 회개하고 예수를 믿어 거듭난 것일까? 그리고 사명을 받아 신학교의 문을 두드렸던 것일까?

주일 예배 때 거룩한 강대상에 올라가 대표기도 하는 어느 교회 중직자는 서울 한강변에 위치한 근사한 아파트에 첩을 두고 그 사이에 낳은 여섯 살 난 아이를 두고 있었다. 그는 주일에 강대상에 올라가서 입에 침이 마를 정도로 열렬히 대표기도 하고는, 예배가 끝나기가 무섭게 첩이 사는 아파트로 쏜살같이 달려갔다. 이 사실을 뒤늦게 안 부인은 정신과 치료를 받고 있다. 어떤 교회 중직자는 친구 중직자의 아내와 8년간 불륜 관계를 유지했다. 강요와 구타를 견디지 못한 그녀는 남편에게 회개하면서 자초지종 실토했고, 아내를 용서한 훌륭한 믿음의 남편은 아내를 데리고 그동안 신앙생활 하던 교회를 조용히 떠나 다른 곳에서 믿음생활을 하고 있다. 같은 교회의 친구 부인을 성폭행하고 구타한 그 중직자는 회개하고 주 예수를 믿어 거듭난 자일까? 그러고 난 후 교회 중직을 맡았던 것일까?

나의 아내는 초교파적으로 이메일로 목회자 사모들에게 상담해 주는 일을 한동안 했다. 어느 교단의 전도사 사모로부터 이메일을 받았는데, 전도사가 자신과 아이를 두고 교회의 한 여자 청년을 데리고 기도원에 올라가서 결혼식을 한 후 결혼반지를 끼고 내려왔

는데, 어떻게 하면 좋겠느냐고 상담을 청했다. 정규 신학 과정을 마친 어느 교회의 목회자는 자신이 섬기는 교회 여성도 6명과 성적 불륜 관계를 맺었다. 물론 이러한 사례들은 극단적인 것이긴 하지만, 드러나지 않는 일들이 차고 넘치리라 짐작할 수 있다.

이 모든 일은 그들이 진정으로 거듭나지 않았기 때문이 아닐까? 아니면 육신의 연약함infirmity 때문에 사탄의 유혹에 넘어진 것일까? 이들은 이제라도 진심으로 회개하고 예수의 보혈을 믿으면 하나님의 용서를 받고 다시 거듭날 수 있을까?

나는 지금이라도 진정으로 회개하고 하나님께로 돌아가면 죄 용서를 받을 수 있고, 만일 이전에 회개하고 예수 그리스도를 인격으로 영접하여 거듭난 경험이 없었다면, 지금이라도 가능하다고 믿는다! 하나님이 용서 못 하실 중죄는 없다.

돌아섬metanoia이 없는 회개는 회개가 아니며, 순종obediencer과 헌신dedication, 제자도discipleship의 실천이 없는 믿음은 살아있는 참된 믿음이 아니다. 주님도 "나더러 주여, 주여 하는 자가 하늘나라에 들어가지 못하고 다만 하늘에 계신 아버지의 뜻대로 행하는 자가 들어간다"[15]고 하시지 않았는가? 출애굽한 광야교회는 참믿음과 순종이 없어서 하나님께서 약속하신 가나안 복토福土에 들어가지 못하고 광야에서 다 쓰러지고 만 것이 아닌가? 알란 리차드슨

Alan Richardson이 그의 책 「과학, 역사, 신앙」에서 말한 대로 그들의 멸망의 역사는 오늘 우리 개인의 삶을 그대로 확대한 것과 같다.[16]

어떤 이는 나를 율법주의자로 몰아세웠다. 나에게 복음이 없다는 것이다. 왜 내가 복음을 전하지 않았는가? 나는 40여 년 동안 누구보다도 복음을 열심히 전했다. 그리고 **구원 이후의 변화된 생활을 강조했다. 그런데 거듭남의 표지와 거듭남 이후의 변화된 생활과 영적 성장**[17]을 말한 것이 잘못인가? 그의 주장은 "예수를 믿고 구원받으라"만 강조하지 않는다는 변이다. 내가 경건한 삶을 위한 교훈을 받기 위해 새벽기도 시간에 구약을 강해하면, 그는 "왜 구약을 설교하느냐?"고 와서 따진다. 구약성경은 하나님의 말씀이 아닌가? 신약성경도 구원에 관한 교리와 그에 따른 신앙적 삶의 실천 편으로 구성되어 있지 않은가? 50년 이상 신앙생활을 해 왔다고 자부하지만, 보통 무지와 아집이 아니다! 도대체 50년간 무엇을 배웠는지 도무지 알 수 없다. 나는 그에게 나만큼 복음적인 사람을 찾아오라고 말했다!

종교개혁자 마틴 루터Martin Luther는 신자가 지녀할 **두 가지 의** Two kinds of Righteousness를 말했다. 믿음으로 **칭의의 은총**Grace of Justification[18]을 받은 신자는 이 의를 기초해서 **타당한 의**proper righteousness를 맺어야 한다. 이는 하나님을 사랑하고 자신을 사랑하듯이 이웃을 사랑함으로써 얻는 의다. 말하자면 첫째 의를 확실히 받은 거듭난 신자는 반드시 삶의 변화와 믿음의 행실로 나아가야 한다는 것이다. 루터는 만일 이 두 번째 의가 없다면, 그 또는 그녀는 그리스도인이 아니라고 했다.[19] 야고보는 **"열매(믿음의 실천)가 없는 믿음은 죽은 믿음"**이라고 강조했다.[20] 마태는 우리의 의가 **서기관과 바리새인의 의를 능가**하지 않으면 하늘나라에 들어가지 못한다고 했다.[21]

믿음과 칭의의 은혜는 신자의 책임과 윤리적 삶을 면제시켜주거나 무시하는가? 성경 말씀에 따르면 결코 그렇지 않다! 하나님이 주시는 은혜와 구원은 신자들로 하여금 값싼 구원에 안주하거나 은혜와 구원 뒤에 숨어있지 않게 하신다. 오히려 거듭남 이후의 변화된 삶과 영적 성장, 곧 성화聖化의 과정을 말씀한다.

우리가 지닌 믿음이 참 믿음인지 거짓 믿음인지는 궁극적으로 영광의 주님이 다시 오실 때 확연히 드러나고 양과 염소의 분리가 이루어지겠지만,[22] 현실에서도 신앙의 표지의 여부에 의해 가늠할 수 있다. 무엇보다도 참 신자인지 아닌지는 자신이 누구보다 잘 알 것이다. 그것은 다음 몇 가지 사실을 통해서도 가늠할 수 있을 것이다:

- 거듭난 후 주님을 닮기 위해(영적 성장과 성숙) 얼마나 힘쓰고 있는

가?[23] 말씀을 삶의 기준으로 삼고 하나님을 가까이하기 위해 기도에 힘쓰는가?[24]

■예수님이 주신 새 계명대로 하나님을 사랑하고 나 자신을 사랑하듯 이웃을 사랑하기 위해 힘쓰는가? 선한 사마리아 사람처럼, 가난하고 병들고 소외된 이웃을 위해 무엇을 하고 있는가? 그들의 삶-가난, 고통 등에 참여[25]하고 있는가?

■주일(안식일)을 성수하고 있는가?[26]

■십일조를 드리고 있는가?[27]

■감사와 찬양이 있는가?[28]

■선한 청지기의 삶을 살고 있는가?[29] 시간, 물질, 은사 등 모든 것의 중심에 주님을 모시고 즐겁게 헌신하고 봉사하고 있는가?

■성령의 열매[30]를 위시한 빛의 열매[31]와 착한 행실의 빛[32]이 삶 속에 나타나는가?

■하나님을 두려워하고(경외) 거룩함과 두려움으로 기쁘게 섬기려고 힘쓰는가?[33]

■모이기를 힘쓰며 성도들을 섬기는 삶을 살고 있는가?[34]

■말씀을 사모하며, 깨어서 근신하여 기도하기에 힘쓰고 있는가?[35]

■잃어버린 영혼에 대한 관심은 있는가?

만일 진정으로 거듭났다면, 최소한 이런 열매나 표지들은 있어

야 한다. 만일 없다면 "나는 참 신자인가?" "나는 거듭난 사람인
가?" 하고 자신에게 질문을 던져야 한다. 예수의 영이 없는 자는 버
림받은 자이다.[36]

이제 구원과 관련하여 개신교의 신앙원리를 생각해보자.

2. 개신교의 신앙원리
(The Principle of Protestantism)

하나님이 세상을 이처럼 사랑하사 독생자를 주셨으니, 이는 그를 믿는 자마다 멸망하지 않고 영생을 얻게 하려 하심이라(요 3:16)

내가 곧 길이요 진리요 생명이니 나로 말미암지 않고는 아버지께로 올 자가 없느니라(요 14:6)

너희가 믿음으로 말미암아 구원을 얻었나니, 이것은 너희에게서 난 것이 아니요 하나님의 선물이라. 행위에서 난 것이 아니니, 이는 누구든지 자랑하지 못하게 하려 함이라(엡 2:8-9)

네가 만일 네 입으로 예수를 주로 시인하며 또 하나님께서 그를 죽은 자 가운데서 살리신 것을 네 마음에 믿으면 구원을 받으리라. 사람이 마음으로 믿어 의에 이르고 입으로 시인하여 구원에 이르느니라(롬 10:9-10)

그가 우리를 흑암의 권세에서 건져내사 그의 사랑의 아들의 나라로 옮기셨으니(골 1:13)

그 눈을 뜨게 하여 어둠에서 빛으로, 사탄의 권세에서 하나님께로 돌아오게 하고 죄 사함과 나를 믿어 거룩하게 된 무리 가운데서 기업을 얻게 하리라 하더이다(행 26:18)

하나님의 복음[37]인 아들 예수 그리스도와 그분이 하신 구속사역을 믿는 자들은 모두 의롭다함justification을 받고, 하나님의 자녀로 입양Adoption된다: 주님이 승천하신 후 약 30년 동안 사도들의 입으로만 전해졌던 **원복음**(Proto-Gospel)[38] 혹은 복음의 원형原型인 고린도전서 15:3-4의 복음의 내용,[39] 즉 예수 그리스도께서 십자가에서 하신 일을 믿는 자들에게는 하나님은 의를 전가해 주셔서 의롭다 인증Justification해 주시고, 거듭나게Regeneration 하시고, 자녀로 받아들여Adoption 주신다.[40] 물론 자신이 죄인임을 인정하고 지은 죄에 대한 회개가 수반되어야 하지만.

그래서 개신교의 신앙원리는,

오직 예수 그리스도만으로(Soli Christus)

오직 하나님의 은혜만으로(Sola Gratia)

오직 믿음만으로(Sola Fidei)

오직 성경만으로(Sola Scriptura)

오직 하나님께 영광을(Soli Deo Gloria)이다.

필립 샤프Phillip Schaff는 그의 책 The Principle of Protestantism에서 개신교의 생명 원리principium essendi는 구원은 죄인들이 오로지 하나님 앞에서 믿음을 통하여 그리스도의 공로로 받는 칭의justification에 달려 있다고 강조했다. [41]

만일 이에서 조금이라도 벗어난다면, 그것은 잘못된 신앙이며 이단이다. 예수님은 세상 죄를 지고 가는 어린 양으로서 우리 밖에서Exttra nobis, 우리를 위해Pro nobis 십자가에서 죽으셨다. [42] 그리고 사흘 만에 다시 살아나셔서 우리의 주主가 되셨다. [43]

하나님은 천하 인간에게 예수 이외에 구원받을만한 다른 이름을 주시지 않았다(행 4:12). 오로지 예수를 믿기만 하면 구원을 얻는다 [44] (행 16:31). 구원은 우리의 행위의 결과로 얻는 것이 아니라 하나님이 거저(값없이) 주시는 선물gift이기 때문에 우리는 하나님께 감사와 영광을 돌리게Soli Deo Gloria 되는 것이다!

나는 모든 찬송가를 좋아하고 늘 찬송생활에 힘쓰지만, 특히 257

장 찬송을 좋아하며 잘 부른다:

1. 마음에 가득한 의심을 깨치고 지극히 화평한 맘으로
   찬송을 부름은 어린양 예수의 그 피로 속죄함 얻었네.
2. 금이나 은같이 없어질 보배로 속죄함 받은 것 아니요
   거룩한 하나님 어린양 예수의 그 피로 속죄함 얻었네
3. 나 같은 죄인이 용서함 받아서 주 앞에 옳다함 얻음은
   확실히 믿기는 어린양 예수의 그 피로 속죄함 얻었네.
4. 거룩한 천국에 올라간 후에도 넘치는 은혜의 찬송을
   기쁘게 부름은 어린양 예수의 그 피로 속죄함 얻었네.
후렴: 속죄함 속죄함 주 예수 내 죄를 속했네.
   할렐루야 소리를 합하여 함께 찬송하세 그 피로 속죄함 얻었네.

칼 라너Karl Rhner와 한국의 유명했던 변선환같은 신학자는 예수만이 구원의 길이 아니라 모든 종교도 하나님의 계시의 한 방편이기 때문에 구원의 길이라고 주장했다. 그들의 주장에 의하면, 교회 안에 있는 신자만 아니라 교회 밖에 있는 모든 사람도 소위 **"익명적 그리스도인"**anonymous christian이라는 것이다. 이런 주장은 한동안 추종자들을 많이 얻었고, 지금도 그렇게 믿고 주장하는 이들이 있다.

나는 현지 교회에서 목회활동을 하면서도 성경은 하나님의 계시의 말씀이 아니라 히브리인들의 고유한 종교적 문학적 창작물이며, 예수의 부활은 신화에 불과하다고 주장하는 이들을 많이 만났다. 그들 가운데는 심지어 보수 교단 신학대학교 강단에 서서 장차 목회자 될 신학생들을 가르치는 교수들도 있었다. 비단 내가 개인적으로 만난 자들뿐이겠는가? 샅샅이 들추어내면 아마 그들의 수는 상상을 능가할 것이다.

그런데 그들은 강단과 강대상에서 강의와 설교는 어떻게? 왜? 하는지 참으로 가관可觀이다! 성경을 하나님의 계시의 말씀으로 믿지 못하고, 예수의 부활을 믿지도 않는 자들이 신학교 강단에 오르고 믿지도 않는 목회자들이 강대상에 올라가서 설교한다는 것은 자신과 신자들을 기만하는 행위다! 무슨 배짱과 염치로 강단과 강대상에 올라가는지 모르겠다! 생활의 한 방편으로?

지금까지 간략하게 개신교의 신앙원리를 고찰했으니, 이제 그와 관련하여 참된 회개와 믿음, 그에 따른 표지들을 살펴보자.

3. 참된 회개란 무엇인가?

내가 이르기를 내 허물을 여호와께 자복하리라 하고 주께 내 죄를 아뢰고 내 죄악을 숨기지 아니하였더니 곧 주께서 내 죄악을 사하셨나이다(시 32:5)

여호와는 마음이 상한 자를 가까이하시고 충심으로 통회하는 자를 구원하시는도다(시 34:18)

주는 선하사 사죄하기를 즐거워하시며 주께 부르짖는 자에게 인자하심이 후하심이니이다(시 86:5)

여호와는 긍휼이 많으시고 은혜로우시며 노하기를 더디 하시고 인자하심이 풍부하시도다 … 동이 서에서 먼 것같이 우리 죄과를 우리에게서 멀리 옮기셨으며 아버지가 자식을 긍휼히 여김 같이 여호와께서는 자기를 경외하는 자를 긍휼히 여기시나니(시 103:8, 12-13)

자기의 죄를 숨기는 자는 형통하지 못하나 죄를 자복하고 버리는 자는 불쌍히 여김을 받으리라(잠 28:13)

여호와께서 말씀하시되 오라 우리가 서로 변론하자 너희의 죄가 주홍 같을지라도 눈과 같이 희어질 것이요 진홍 같이 붉을지라도 양털 같이 희게 되리라(사 1:18)

그런즉 너희는 너희 길과 행위를 고치고 너희 하나님 여호와의 목소리를 청종하라. 그리하면 여호와께서 너희에게 선언하신 재앙에 대하여 뜻을 돌이키시리라(렘 26:13)

그러나 악인이 만일 그가 행한 모든 죄에서 돌이켜 떠나 내 모든 율례를 지키고 정의와 공의를 행하면 반드시 살고 죽지 아니할 것이라(겔 18:21)

오라 우리가 여호와께로 돌아가자. 여호와께서 우리를 찢으셨으나 도로 낫게 하실 것이요 우리를 치셨으나 싸매어 주실 것이라(호 6:1)

너희는 옷을 찢지 말고 마음을 찢고 너희 하나님 여호와께로 돌아올지어다. 그는 은혜로우시며 자비로우시며 노하기를 더디하시며

인애가 크시사 뜻을 돌이켜 재앙을 내리지 아니하시나니(욜 2:13)

다시 우리를 불쌍히 여기서서 우리의 죄악을 발로 밟으시고 우리의 모든 죄를 깊은 바다에 던지시리이다(미 7:19)

만일 우리가 우리 죄를 자백하면 그는 미쁘시고 의로우사 우리 죄를 사하시며 우리를 모든 불의에서 깨끗하게 하실 것이요(요일 1:9)

1) 죄와 악에서 돌아섬

참된 회개 메타노이아metanoia는 저지른 온갖 죄악에서 돌아서는 것[45]이다. 즉 지은 죄를 자백하고, 버리고, 미워하며, 전에는 하나님을 등지고 살았으나 이제는 하나님께 등을 보이지 아니하고 **하나님의 얼굴**Panim**을 바라보는 것**, 즉 하나님의 영광을 위해 사는 것[46]이다. 철저한 **방향전환**이다.

순간적인 영적 방심과 욕정으로 인하여 큰 죄악을 저지른 다윗은 철저히 회개하고 회개의 열매를 맺었다. 다윗은 죄과(Passah: 반역 상태), 죄악(Awen: 하나님을 멀리하여 굽어짐), 그리고 죄(Hatah: 과녁에서 벗어남)를 통회ㆍ자백하고, 버리고, 하나님께로 돌아서서 하나님의 얼굴을 구했다.[47] 그리고 사하심을 얻었다.

하나님께로 돌아서는 자를 하나님은 결코 외면하시거나 버리지 않으신다. 회개하는 자에게 하나님은 돌아오셔서 풍성하신 자비와 긍휼로 구원해 주신다. 회개하고 버린 죄는 하나님이 발로 밟으셔서 깊은 바다에 던지시고,[48] 등 뒤로 던지시고,[49] 멀리 옮기시고,[50] 다시 보지 않으시고 기억하지 않으신다. 그만큼 **하나님의 은총의 깊이는 죄의 깊이보다 깊다.** 코리텐 붐 여사는 "하나님은 바닷가에 '낚시금지'라는 표지판을 세워두셨다"고 말한 바 있다. 회개하고 버린 죄는 다시 낚시하여 건져내지 말라는 뜻이다. 과거의 죄와 죄책에서 벗어나라는 뜻이다. 하나님이 용서하신 죄를 자신이 붙들고 있는 것은 하나님의 용서하심과 선하심을 믿지 못하는 불신앙이자 영적 교만이다.

죄악을 열거하자면 끝이 없다:

하나님을 등지는 것, 하나님과의 관계가 멀어지는 것을 위시하여, 하나님의 말씀을 불순종하고 거역하는 것, 내ego가 중심이 되어 내 뜻과 주관대로 사는 것, 하나님을 경외하고 사랑하는 대신 세상과 세상에 있는 것들에 집착attachment하거나 더 사랑하는 것,[51] 하나님이 미워하시는 것들,[52] 마음에서 나오는 추하고 악한 것들,[53] 하나님께 합당하지 못한 것들,[54] 그리고 선인 줄 알면서도 나태와 게으름 때문에 행하지 않는 죄, 즉 **빠뜨린 죄**Sin of omission, 술 취함과 방탕, 그리고 성령님을 근심시키는 죄 등 열거하자면 이루 말할 수 없다. 그러므로 "나는 죄가 없다"라고 말하는 자는 하나님을 거짓말쟁이로 몰아세우며 진리가 그 속에 없다(요일 1:10).

2) 죄를 미워하고 죄에서 떠남

죄를 자백하고 버렸다면, 그다음에 할 일은 죄를 미워하고 죄에서 떠나는 것이다. 개가 토한 데 돌아가는 것처럼,[55] 다시 죄로 되돌아가면 안 된다. 고범죄, 즉 고의로 짓는 죄는 하나님을 만홀히 여기는 중죄重罪다. 죄가 많은 곳에 은혜가 많다 하여 죄 짓는 것을 가볍게 여겨서도 안 된다. **죄는 하나님과의 관계를 파괴**하기 때문에 혐오해야 한다.

사탄은 쉬지 않고 우리를 향해 불화살火箭을 쏘아댄다. 우리가 알다시피, 과거의 전쟁에서 중요한 역할을 하는 것이 불화살이다. 군사들이 한 성城을 공격할 때 제일 먼저 하는 일이 불화살을 성 안으로 날려 보내는 것이다. 그래서 성이 화염에 휩싸이고 군사들이 정신을 못 차리고 우왕좌왕할 때 성벽을 기어오르고 성문을 열고 들어가서 성을 단숨에 점령한다.

마찬가지로 사탄은 부정적이고 음란하고 추한 생각의 불화살을 우리 생각의 영역에 쏘아대는 것이다. 생각을 점령하면 한 사람 전체를 지배하는 일이란 그리 어렵지 않기 때문이다. 가룟 유다에게 예수를 팔 생각을 넣어준 사탄은, 유다가 그 생각을 받아들이자 직접 유다 안으로 들어가서 예수를 파는 행동을 하게 했다.[56) 누군가 말한 바와 같이, 내 머리 위로 나는 새는 내가 어찌할 수 없지만, 내 머리 위에 둥지를 트는 것은 막을 수 있다.[57)

그러므로 하나님의 말씀에 반反하는 생각이 일순간 들어올 때, 우리는 "예수 이름으로 명하노니, 사탄아 물러가라!" 하고 사탄을 꾸짖으며 대적해야 한다.[58) 성령님은 인격적인 분이라서 우리가 초청해야 들어오시지만, 사탄은 불법자라서 우리가 초청하지 않아도 마구 들어오려고 하고 또 들어온다. 예수님도 지상 사역을 하시는 동안 항상 사탄 마귀를 꾸짖으셨다!

사탄을 꾸짖어야 할 뿐 아니라, 우리는 말씀으로 무장해야 한다. 시편 기자는 하나님의 말씀을 영적 무기로 삼았다.[59) 바울은 우리가 갖추어야 할 하나님의 전신갑주 가운데 사탄을 대적할 성령의 검 곧 하나님의 말씀을 갖추라고 권면했다.[60)

3) 하나님께 등을 보이지 아니하고 하나님 얼굴을 봄

구약성경에서 하나님께 **등을 보이는 것** 혹은 **하나님을 등지는 것**을 죄의 근원으로 말씀하고 있다. 그것은 신약성경 로마서에서 말씀하는 불경건, 곧 "하나님이 없다There is no God고 주장하는 것은 하나님 없이도 나 혼자 힘으로 넉넉히 살 수 있다I can live fully without God는 자기중심self centereness, 자기만족self satisfaction, 자기신격화 내지는 자기 우상화self deification와 같다. 이 불경건은 온갖 불의를 낳는다.

그러나 회개하여 하나님께로 돌아서면 하나님의 얼굴을 볼 수 있다. 하나님의 얼굴을 본다는 것은 더 이상 자기중심적인 삶을 포기하고 하나님 중심의 삶을 산다는 뜻이며, 자기를 기쁘게 하기보다는 하나님을 기쁘시게 섬기는 것을 삶의 목적으로 삼는 것이다. 그리고 삶의 목표는 하나님의 영광이다. 그것은 하나님께서 우리를 창조하신 목적에 부합하는 일이다. 하나님은 자신의 영광을 위하여 우리를 창조하셨다. 그러므로 먹든지 마시든지 입든지 무엇을 하든지 하나님의 영광을 위해 해야 한다.[61]

생명, 돈, 시간, 재물, 은사 모두는 하나님의 영광을 위해 존재한다. 만일 이에 대한 소유권, 지배권, 그리고 활용권을 내가 가지고 있다면, 나는 아직 하나님의 사람이 아니다. 청지기 의식을 갖고 이 모든 것을 하나님의 손에 내려놓고 산다면, 오로지 하나님을 기쁘시게 섬기기 위해, 하나님의 영광을 위해 사용한다면 그는 하나님의 사람[62]이다.

4. 참된 믿음과 칭의의 은총,
그리고 보전의 은총

복음에는 하나님의 의가 나타나서 믿음으로 믿음에 이르게 하나니(롬 1:17)

내가 너희에게 이르노니 너희 의가 서기관과 바리새인보다 더 낫지 못하면 결코 천국에 들어가지 못하리라(마 5:20)

이와 같이 행함이 없는 믿음은 그 자체가 죽은 것이라(약 2:17)

영혼 없는 몸이 죽은 것 같이 행함이 없는 믿음은 죽은 것이니라(약 2:26)

오직 위로부터 난 지혜는 첫째 성결하고 다음에 화평하고 관용하고 양순하고 긍휼과 선한 열매가 가득하고 편견과 거짓이 없나니(약 3:17)

오직 성령의 열매는 사랑과 희락과 화평과 오래 참음과 자비와 양

선과 충성과 온유와 절제니 이같은 것을 금지할 법이 없느니라(갈 5:22-23)

그러므로 자기를 힘입어 하나님께 나아가는 자들을 온전히 구원하실 수 있으니, 이는 그가 항상 살아계셔서 그들을 위하여 간구하심이라(히 7:25)

참된 믿음은 거짓 믿음false faith, 유사 믿음pseudo faith과 확연히 구분된다. 주 예수를 구주로 믿어 위로부터 난 사람(혹은 하나님께로부터 난 사람),[63] 칭의의 은혜를 입은 사람은 참된 믿음true faith을 갖고 그 믿음 안에서 그리스도를 향하여 자라가지만,[64] 그렇지 못한 거짓 믿음, 유사 믿음을 가진 세속적인 신자(종교인)는 하나님 나라와 의에 대해서는 일절 생각하지 않고 땅의 것을 생각하며, 땅의 것에 집착하며, 땅의 것으로 즐거움을 삼으며, 땅의 것만을 추구한다.[65] **소유와 축적**이 그들의 삶의 목표이며 그것을 **행복의 기초**로 삼는다. 그들의 생활이 그러하지만, 무엇보다 중요한 것은 그들의 **성품** 속에 **거룩함과 의로움**[66]의 **하나님의 형상**Imago Dei 혹은 **그리스도의 형상**이 보이지 않는다는 것이다.

한 해가 뉘엿뉘엿 기울어져 가는 데도, 그들의 삶 속에서 감사와 찬양은 전혀 찾아볼 수 없다. 감사하는 마음, 감사 찬양, 그리고 감사의 제물은 그림자조차 찾아볼 수 없다. 그런데 자신의 일신의 욕망과 즐거움을 위해서는 아낌없이 돈을 펑펑 쏟아붓는다. 심지어 거룩한 주일에도 골프 여행을 떠난다.[67] 마음에 안 든다고 혹은 자기 욕망을 충족시켜 주지 않는다고 악한 프레임을 뒤집어씌워서 사랑해야 하는 가족을 내버린다. 자녀들에 대한 사랑과 책임보다도 모든 것을 돈으로 환산한다. 그런 까닭은 거듭나지 않았기 때문이 아닐까?

어떤 경우는 유산으로 받든지 사업의 성공 덕분이든지 요행히(?) 돈을 많이 갖게 되면, "하나님의 축복이다, 하나님의 축복이다" 연신 떠들어대지만, 그 축복에 따른 책임은 알려고 하지도 않고 삶으로 부정한다.

그들은 또한 "십일조는 율법이다"라고 주장하면서 드리지 않는 것을 합리화한다. 그들은 **아직 하나님께 돌아오지 않은 자**이다.[68] 거듭나서 하나님께로 돌아오지 않았기 때문에 하나님의 주권을 인정하지 않는 것이다. 교회 회중석은 하나님께로 돌아오지 않은 자들로 가득하다! 거듭나서 하나님께로 돌아왔다면, 어찌 하나님의 것을 뻔뻔하게 도둑질할 수 있겠는가? 회중석은 도둑으로 가득하다!

하나님과의 관계도 그렇지만, 사람들과의 관계에서도 자기중심적이다. 그들은 오로지 자신들을 위해 **주변 세계를 재조직**

reconstruction하며 자신의 이익을 위해 사람들을 **이용**exploit하고 착취한다. 이들의 관계는 "나I 와 너Thou"가 아니라 "**나I와 그것It**"이다. 하나님을 깊이 만난 후, 세상 사람들을 섬기러 세상을 향한 아빌라의 테레사Teresa of Avila의 **관상적 사랑**Contemprative love [69] 같은 이웃 사랑은 까마득한 이론과 환상에 불과하다. 그녀의 신앙 체험에 의하면, 제7 궁방에서 하나님과 연합을 이룬 사람, 자기와 세상과의 축Axis -Self -World이 형성된 사람은 하나님과 세상을 사랑으로 섬기기 위해 나아간다.

칭의의 은총Grace of justification을 입은 거듭난 신자의 삶은 혁신적으로 변한다. 그들의 삶에는 죄에 대한 승리, 감사와 찬양과 기도, 적극적인 헌신, 그리고 주님의 일에 대한 동역同役의 열매 등 구원받은 은혜의 표지들이 나타난다.

또한 그들은 **보전의 은총**Grace of preservation을 입는다. 하나님 보좌에 계신 영원하신 대제사장이신 **예수 그리스도의 중보기도** Intercession prayer로 말미암아 하늘나라에 당도하기까지 사탄의 악에서 건짐[70] 받는다 예수님은 당신이 십자가에서 흘리신 보혈을 아버지께 예물로 드리며 "아버지, 땅에 있는 ○○○의 죄를 용서하시고, 저가 천국에 당도하기까지 악에서 지켜주소서!" 하고 중보기도하고 계신다. 성령님도 **말할 수 없는 탄식**으로 저를 위해 중보하신다. [71]

이제 요한 서신을 기초로 거듭남의 표지들을 살펴보도록 하자.

1) 거듭남의 표지들
-요한서신을 중심으로

위에서 난 자, 하나님께로부터 난 자를 말한 요한은 그의 서신에서 거듭남의 표지들을 말한다:

(1) 말씀에 대한 순종(요일 2:5)

> "누구든지 그의 **말씀을 지키는 자**는 하나님의 사랑이 그 속에서 온전하게 되었나니 이로써 우리가 **그의 안**에 있는 줄을 아노라"

하나님께로부터 난 자, 하나님의 자녀가 되어 하나님의 사랑을 받는 하나님의 자녀가 하나님의 말씀을 순종하지 않는 것은 어불성설이다. 하나님의 말씀인 성경은 우리에게 하나님의 백성을 **만나 백성**Manna people, **케리그마 실존**Kerygmatic existence[72]으로 칭한다. 하나님의 백성 혹은 자녀는 빵만으로 사는 존재가 아니라 하나님의 입에서 나오는 말씀Rema으로 사는 백성이다. 욥은 정해 놓은 음식보다 하나님의 말씀을 더욱 귀히 여겼다.[73] 시편 기자는 하나

님의 말씀을 묵상하려고 아침 일찍 눈을 떴다.[74)]

거듭난 하나님의 자녀는 하늘 아버지이신 주 하나님의 말씀을 사모하여 읽고, 묵상하고, 순종하는 삶을 살아간다. 만일 기록된 말씀인 성경과 먼 거리에 있다면, 진실로 자신의 구원을 의심해보아야 한다. 거듭난 자는 하나님의 말씀을 지키며 말씀을 따라 살아간다. 그리고 말씀을 따르는 그들은 하나님의 자녀가 되어 하나님 안에 있는 자들이다.

(2) 의를 행함(요일 2:29)

"그가 의로우신 줄 알면 **의를 행하는 자**마다 그에게서 **난 줄을 알리라**"

하나님께로부터 난 참 신자의 삶에 불의不義가 더 이상 자리할 수 없다. 하나님이 의로우신데 불의를 품고서야 어찌 거룩하시고 의로우신 하나님과 교제할 수 있겠는가? 불의와 함께 사는 대신 그/그녀는 하나님 나라와 의를 구하며,[75)] 의를 위해서 박해도 기꺼이 받는다.[76)] 그들은 서기관과 바리새인보다 더 의롭게 산다.[77)] 그 의의 열매에 속한 것들을 야고보는 말한다.[78)]

(3) 죄를 짓지 않는다(요일 3:9, 18)

"하나님께로부터 **난 자**마다 죄를 짓지 아니하나니"

하나님께로부터 난 자는 고범죄intentional sin, 즉 의도적인 죄를 짓지 않는다. 습관적인 죄도 버린다. 육신의 연약함infirmity 때문에 죄에서 완전히 자유로울 수는 없어서 그 연약함 때문에 무의식적으로 죄를 범하는 경우에는 자백하면 다 용서해 주시고 모든 불의에서 우리를 깨끗하게 해 주신다(요일 1:9). 거룩하신 하나님은 죄와 함께 거하실 수 없다.

(4) 사랑한다(요일 4:7-8, 16)

"사랑하는 자들아 우리가 서로 사랑하자. 사랑은 하나님께 속한 것이니 사랑하는 자마다 **하나님으로부터 나서** 하나님을 알고, 사랑하지 않는 자는 하나님을 알지 못하나니 이는 하나님은 사랑이심이라."

"하나님은 사랑이시라. 사랑 안에 거하는 자는 하나님 안에 거하고 하나님도 그의 안에 거하시느니라."

사랑이신 하나님께로부터 출생했다면, 사랑이신 아버지를 닮아서 사랑을 실천한다. 마귀로부터 난 자는 미워하고 시기하고 질투하는 것이 당연할지 모르지만, 예수께서 주신 새 계명을 따라 하나님을 사랑하고 이웃을 내 몸처럼 사랑한다.[79] 사랑은 **온 율법과 선지자의 강령**인데, 강령은 옷걸이 **행어**hanger이다. 만일 옷을 걸어두는 행어가 빠지면, 그 위에 걸어둔 모든 옷가지는 다 땅에 떨어지고 만다. 여기에 십일조를 위시한 각종 헌금, 봉사, 구제 등 모든 것을 다 걸었다 치자, 만일 행어가 빠지면 그 모든 것은 다 땅에 떨어져 아무 짝에 쓸모없게 된다.

교회를 박해하는 힘든 환경 속에 있던 에베소 교회는 행위, 수고, 인내, 영 분별 은사, 박해를 견딤, 영적 부지런함 등 많은 능력과 은사를 지닌 교회였지만, 교회의 본질인 사랑을 잃어버린 교회였다. 그래서 책망을 받았다.[80] 에베소 교회는 **설립 초기**에는 사랑이 있었지만,[81] 시간이 흐를수록 사랑은 메말라갔다. 환언하면 **본질보다 외면적인 것에 더 치중**했던 것이다.

이착 아디즈Ichak Adizes는 그의 책 *Corporate Life Cycles*에서 한 집단(교회도 포함된다)의 생성과 성장 그리고 쇠퇴와 소멸 주기週期를 파헤쳤다. 초기에는 성장하고 유동성flexibility이 있는가 하면 이내 쇠퇴기에 들어선다. 초기infant에는 사람 중심이었다가 이후에는 일affair 중심으로 바뀐다. 한참 성장하다 보면go-go stage 설립자나 설립자 가족의 트랩founder or family trap에 **빠**진다. 교회로 말할 것 같으면 **개척자 고착증**pioneer fixation에 **빠**지는 것이다. 교회 안에서 개척자 혹은 개척 맴버들이 세**勢**를 부린다. 관계 속에서 사랑은 희미해진다. 결국 한 집단 혹은 조직은 늙음 혹은 귀족화Aristocracy에 **빠**져들어 사랑의 관계가 아닌 하나의 기계적인 일과 작업 그리고 성취만 추구하고 목표하는 앙상한 겨울나무가 되어버린다.[82)]

에베소 교회 역시 이 전철을 밟았다. 초기에는 서로 사랑했지만, 시간이 흐를수록 사역과 성취에 무게 중심을 두었던 탓에 교회 본질인 사랑을 잃어버린 것이다. 그래서 처음 사랑을 회복하라는 질타를 받은 것이다.

여기서 "처음" **프로텐**πρωτην**은** 일, 소유, 관계 등 모든 것의 우선**순위**priority를 말한다. 돌아온 둘째 아들 탕자에게 아버지는 "제일 좋은 옷"을 입혔는데,[83)] 프로텐은 또한 **"제일 좋은"**과 같은 말이다. 또한 예수께서 주신 새 계명의 **"강령**[84)]"과도 같은 말, 즉 **행어**hanger이다. 다시 말하지만, 행어가 **빠**지면 그 위에 걸어둔 모든 것은 땅바닥에 모두 떨어지고 만다. 아무 가치가 없다는 뜻이다!

만일 우리의 삶 속에 사랑이 없다면 자신이 하나님께로부터 출생했는지 철저히 점검해 볼 일이다. 사랑이 없으면 우리는 아직 어둠, 사탄의 왕국에 속해 있는 것이다. 그러나 사랑이 있으면 예수 그리스도의 빛의 나라에 속해 있는 거듭난 하나님의 자녀다.

나는 개인적으로 한 사람(후배)에게 배신을 당했다. 그것은 내가 목회하는 동안 개인적으로 경험한 몇 번의 배신행위 가운데 하나였다. 그러나 그는 나를 배신했다고 느끼지 못했을지도 모른다.

그와 나 사이는 서로 잘 아는 특별한 관계가 아니었지만, 나는 그의 일생일대에 지울 수 없는 큰 도움을 베풀었다. 그 뒤 얼마 있지 않아서 그는 나를 터무니없이 비난하고 다녔고 멀리하기 시작했다. 아마도 자신의 약점을 덮고 자신을 합리화하기 위한 생존전략이었는지도 모른다. 그리고 자기에게 도움을 줄 수 있는 자를 찾아다니면서 가까이했다. 나는 힘들어서 기도하는 중에 그의 졸업식에 선물을 들고 찾아갔다. 그는 물론 고맙다는 정중한 인사도 하지 않았다. 그는 먼저 있었던 내 졸업식에도 참여하지 않았지만, 내게 베풀어주신 하나님의 은혜를 생각하며(나도 은혜에 빚진 자가 아닌가?) 그를 사랑하게 해 달라고 기도하고 찾아갔던 것이다. 한국에 돌아온 이후 어느 곳에서 딱 마주쳤는데, 내가 인사를 하려 하자 그는 고개를 싹 돌리고 마는 것이 아닌가? 마음이 몹시 아팠다.

나는 몸부림하며 하나님께 기도했다. 그를 사랑하지 못하면서 어찌 다른 이웃을 사랑할 수 있겠는가 하고 아뢰면서, 예수님의 사랑으로 그를 사랑하게 해 달라고 간구했다. 그렇게 하는 데 3년이나 걸렸다. 결국 하나님은 마음속에 평화를 주셨고 그와 만나서 관계를 회복했다. 그는 "나는 이목사님 앞에서 꼼짝도 못합니다" 하면서 근사한 레스토랑에서 맛있는 식사를 대접했다. 나는 용서하고 사랑하기가 그렇게 힘든 줄 몰랐다!

어느 날, 한 여집사가 목회실로 찾아왔다. "목사님, 제가 목사님의 노후를 위해 보험을 하나 들어드리려 합니다. 목사님도 노후를 생각하셔야 하지 않습니까?"라고 친절하게 말했다. 단순한 나는 그 사랑과 은혜가 고마워서 그 말을 수용했다. 그런데 어찌 알았든지 나의 사례비에서 매달 보험료가 지출되고 있었다. 그래서 5개월 후에 해약했다. "목사님, 제가 보험 일을 하는데, 힘이 드니까 하나 들어주시지 않겠습니까?" 하고 정직하게 말해야 하지 않는가? 그녀가 나를 속였어도 나는 그 여집사를 예전처럼 사랑으로 품었다.

교회를 위해 충성 헌신하며 "주의 종 목사님을 사랑하지 못하면 눈에 보이지 않는 하나님을 어떻게 사랑합니까?" 하며 적극적으로 나의 목회사역에 조력하던 어느 교회 중직자가 재정 사고를 냈다. 사업부도 때문이었다. 그의 입장에서는 매우 다급했던 모양이었다. 기념 교회를 짓는 과정에서 건축비를 유용한 것이다. 그는 당회에서 지은 죄를 고백하며 사죄했다. 그리고 2개월 안으로 원상회복할 것을 약속했다. 그러나 교회 평안을 위해 내가 여러모로 도와주고 또한 그 아들을 사회적으로나 목회적으로 살려준(?) 중직자는 나를 배신한 나머지 경찰과 검찰에 연거푸 나를 고발했다. 경찰

서에서 무혐의 결정을 내리니 교묘한 수법으로 나를 다시 검찰에 고발했던 것이다. 재정 유용을 모의하든지 함께 유용했다는 죄목이었다. 그는 나의 성의를 벗기고 감옥에 처넣겠다며 갖은 악을 저질렀지만, 결국은 나의 혐의없음이 증명되었다.

많은 성도는 눈물로 만류했지만, 나는 도의적인 책임을 지고 그 교회를 떠났다. 몇 년 후 그는 전화를 걸어 나를 만나기를 원했다. 기도 후 그를 찾아가니, 그는 "내가 흠 없는 목사님을 괴롭혔습니다. 그래가지고서야 내가 하나님 앞에 어찌 설 수 있겠습니까?" 하고 회개했다. 나는 그에게 "이미 용서했었습니다. 남은 생애를 하나님의 영광을 위해 사십시오." 하고 상경했다. 내가 듣기에 그는 몇 년간 느닷없이 찾아온 병으로 고통받다가 하나님의 부르심을 받았다고 한다. 나는 그를 용서하고 사랑하는 마음을 달라고 기도했더니 하나님께서 사랑하는 마음을 주셨던 것이다.

그 후 나는 그의 아들이 목회하는 현장을 찾아갔다. 예전보다 활기찬 모습으로 목회하고 있었다. 그는 내가 고통당하고 있을 때 찾아와서 "하나님이 내 아버지시고 목사님은 나의 멘토이십니다."라고 고백했는데, 나는 지금도 그의 돌아가신 부친에게 못다 베푼 사랑을 갚느라고 그 아들을 위해 끊임없이 중보기도하고 있다.

이런 어려운 상황을 교권적으로나 정치적으로 이용하려 했던 세 사람-목회자들과 교회 중직자-은 갑자기 이런저런 이유로 세상을 떠났다. 나는 그들이 하나님의 벌이나 심판을 받은 것으로는 생각하지 않는다. 하나님은 그런 분이 결코 아니시다. 단지 거듭난 하나님의 자녀들은 거룩하고 정직하게 살아야 한다는 각성을 나름대로 했을 따름이다. 나는 지금도 그들의 사모님과 남은 유족을 위해 기도하고 있다.

(5) 세상을 이긴다(요일 5:4)

"무릇 **하나님께로부터 난 자**마다 세상을 이기느니라. 세상을 이기는 승리는 이것이니 우리의 믿음이니라"

세상은 우리에게 온갖 시험과 어려움, 눈물과 슬픔을 안겨준다. 뜻하지 않은 질병, 고통, 손해, 상실, 사랑하는 자와의 이별 등 거센 풍랑의 물결로 우리의 영혼을 휩쓸어가려고 한다. 이것들은 우리가 믿는 자라고 하여 비껴가지 않는다. 그러나 자비로우신 하나님은 우리가 감당하지 못할 시험당함을 허락하지 않으시고 피할 길을 내어주신다.[85] 사방이 다 둘러싸여도 위로 기도할 통로가 열려 있다.[86] 궁극적으로 죄와 세상을 이기신 예수님이 우리를 도우신다.[87]

나는 개인적으로 **그리스도인의 영성은 초연**detachment이라고 믿는다. 사도 바울은 모든 것을 쓰레기와 똥처럼 여기고 부활의 고지를 향해 달려간다고 고백했다.[88] 죽음과 부활을 놓고 생각하면, 세상에서 겪는 모든 일에서 초연할 수 있다. 믿는 자는 그 믿음으로 세상을 이긴다. 궁극적으로 장차 있을 **믿는 자의 부활은 세상에 대한 승리다!**

이제 믿음의 단계에서 나아가 어떻게 구원의 은혜에 화답하는지를 생각해보자.

2) 믿음의 헌신과 제자도

그러므로 형제들아 내가 하나님의 모든 자비하심으로 너희를 권하노니 너희 몸을 하나님이 기뻐하시는 거룩한 산 제물로 드리라. 이는 너희가 드릴 영적 예배니라. 너희는 이 세대를 본받지 말고 오직 마음을 새롭게 함으로 변화를 받아 하나님의 선하시고 기뻐하시고 온전하신 뜻이 무엇인지 분별하도록 하라(롬 12:1-2)

그러므로 너희는 죄가 너희 죽을 몸을 지배하지 못하게 하여 몸의 사욕에 순종하지 말고 또한 너희 지체를 불의의 무기로 죄에게 내주지 말고 오직 너희 자신을 죽은 자 가운데서 다시 살아난 자같이 하나님께 드리며 너희 지체를 의의 무기로 하나님께 드리라(롬 6:12-13)

내가 그리스도와 함께 십자가에 못 박혔나니 그런즉 이제는 내가 산 것이 아니요 오직 내 안에 그리스도께서 사신 것이라. 이제 내가 육체 가운데 사는 것은 나를 사랑하사 나를 위하여 자기 자신을 버리신 하나님의 아들을 믿는 믿음 안에서 사는 것이라(갈 2:20)

내가 이르노니 너희는 성령을 따라 행하라 그리하면 육체의 소욕을 이루지 아니하리라(갈 5:16)

만일 우리가 성령으로 살면 또한 성령으로 행할지니(갈 5:25)

누구든지 나를 따라오려거든 자기를 부인하고 자기 십자가를 지고 나를 따를 것이니라(마 8:34)

믿음으로 의롭다함을 얻은 거듭난 신자는 더 이상 자신을 위해 살지 않는다. 이제는 자신을 죄와 파멸에서 구원해 주신 하나님의 영광을 위해 살아간다. 그들의 **경건한 삶의 동기는 감사**이며, **삶의 목적은 하나님을 기쁘시게 섬기는 것**이며, **삶의 목표는 하나님의 영광**이다.

그들은 세상을 상대화하며 위의 것을 절대화한다.[89] 이 세상과 세상에 있는 것들을 사랑하지 않는다.[90) 그 대신 영원한 것을 사모한다.

그들은 생명, 시간, 재물, 삶의 자원, 은사 등 모든 것을 하나님의 손에 맡기고 산다. 그 무엇 하나도 자신의 것으로 치부하지 않는다. "주신 이도 여호와시요 거두신 이도 여호와시오니"[91)라는 욥의 고백처럼, 모든 것의 소유주를 하나님으로 삼고, 감사함으로 살며, 이웃에게 나누며, 하나님께 아낌없이 드린다.

참 믿음으로 구원받은 거듭난 신자는 매사에 **"어떻게 하면 하나님을 기쁘시게 할까?"** 하고 영적인 근심[92)을 하며 살아간다. "어떻게 하면 더 모을까? 어떻게 하면 더 크게, 더 많이, 더 즐겁게"라는 세속적인 근심에 짓눌려 살지 않는다. 그들은 성령 안에서 심는다. 그래서 영생을 거둔다.[93) 거듭나지 못한 자들은 썩어진 것을 거두지만…….

사람들은 "은혜 은혜~" 혹은 "은혜 받읍시다~" 하는데, 하나님의 은혜가 은혜인 것은 **예수를 따르기 때문에** 은혜다. 따름, 곧 제자도의 실현 혹은 실천이 없는 은혜는 은혜가 아니다. 그것은 **값싼 은혜**cheap grace, **싸구려 은혜**다. 그런 면에서 많은 신자는 값싼 은혜에 안주하고 있다!

구원의 은혜에는 제자도가 따른다. 제자도에는 **대가 지불**이 따른다. 자기를 미워해야 하고, 자기를 부인하고 십자가를 지고 예수께서 가신 **비아 바돌로사**Via Badolosa, 슬픔의 길, 고통의 길, 자기 부인과 헌신의 길, 죽음의 길을 가야 한다.

그러면 여기서 거듭남에 따르는 믿음의 헌신을 가늠하는 기준 몇 가지만 체크해보자:

■ 시간의 십일조를 드리는가?

"쉬지 말고 기도하라"는 명령을 어느 정도 따르고 있는가? 다니엘은 죽음의 위협 앞에서도 창문을 열고 하나님께 기도하면서 감사했다.[94] 시간의 십일조는 차치하고 하루 한 시간도 기도하지 않고 하루를 보낸다면, "나는 믿음의 사람인가? 나는 하늘에 속한 사람인가?" 하고 스스로에게 질문해보아야 한다. 특히 "새벽에 도우시는 하나님"을 만나지 못하고 있다면 영적 게으름에 빠져있는 증거다. 새벽을 모르면 하나님을 모른다!

■ 십일조를 위시한 감사예물을 드리며 감사, 찬양의 생활을 하는가?

여기에 대해서는 앞에서 언급했으므로 생략한다.

■ 구제를 하고 있는가?

하나님이 기뻐하시는 금식은 구제를 위한 것이다.[95] 하나님이 기뻐하시는 금식은 굶주린 이웃에게 음식을 나누어주기 위함이다.

구제는 하나님께 꾸어주는 거룩한 믿음의 행위이다.[96]

■**믿음의 공동체**Faith community**인 교회를 위해 정기적으로 봉사하는가?**

교회 청소, 차량운행과 교통정리, 불우한 성도 돕기, 환자와 약자 찾아보기 등을 성실히 실천하고 있는가?

■**중보기도를 하며 잃어버린 자들에게 아웃리치**out-reach**하여 복음을 전하고 있는가?**[97]

여러 가지가 있겠지만, 몇 가지만 언급했다. 거듭난 신자라면, 최소한 이것들을 행해야 한다. 헌신은 아랑곳하지 않고 항상 구하는 바가 "복 주시옵소서~" "축복하소서~" "주시옵소서~" 하는 것이라면, 그들은 살아계신 참되신 하나님Triune God이 아니라 자신의 욕구를 충족시켜 줄 **자신이 만든 거짓 우상 하나님**Idol-god을 섬기고 있는 것이다.

"예수 믿고 복 받으세요!"[98]라는 케케묵은 슬로건은 **"예수 믿고 따르세요! 그건 생명의 길이에요!"**라는 슬로건으로 바뀌어야 한다.

5. 그리스도 중심의 삶과 성령의 임재: 성결한 삶

내가 그리스도와 함께 십자가에 못 박혔나니 그런즉 이제는 내가 사는 것이 아니요 오직 내 안에 그리스도께서 사시는 것이라. 이제 내가 육체 가운데 사는 것은 나를 사랑하사 나를 위하여 자기 자신을 버리신 하나님의 아들을 믿는 믿음 안에서 사는 것이라(갈 2:20)

내가 달려갈 길과 주 예수께 받은 사명 곧 하나님의 은혜의 복음을 증언하는 일을 마치려 함에는 나의 생명조차 조금도 귀한 것으로 여기지 아니하노라(행 20:24)

너희가 믿을 때에 성령을 받았느냐?(행 19:2)

너희가 성령을 받은 것이 율법의 행위로냐 혹은 듣고 믿음으로냐?(갈 3:2)

또 우리로 하여금 믿음으로 말미암아 성령의 약속을 받게 하려 함
이라(갈 3:14)

믿음으로 거듭난 하나님의 자녀는 이제 새로운 피조물로서 자기 중심의 삶을 살지 않고 자신을 위해 십자가에서 죽고 **다시 살아나신 주 예수 그리스도 중심의 삶**을 산다. 왜냐하면 그는 예수와 함께 십자가에서 죽고 예수와 함께 살아났기 때문이며, **하늘 시민권**을 가진 자가 되었기 때문이다.

한 때 미국 대사관 앞에는 아메리칸 드림American Dream을 갖고서 미국으로 이민 가서 살려고 하는 사람이 이른 새벽부터 장사진을 쳤었다. 그들의 꿈은 미국 시민권을 얻어 행복하게 사는 것이었다. 물론 지금은 역이민도 늘었지만.

하늘 시민권은 거듭난 자에게 거저(선물로) 주시는 **하나님의 선물**이다. 이것을 가지면 세상 부럽지 않다. 장차 예수 안에서 **하늘 기업**Inheritance을 받기 때문이다. 예수님은 우리가 거할 처소, 맨션Mansion을 준비하러 가신다고 말씀하셨다. 땅의 맨션과 족히 비교할 수 없는. 나는 부모로부터 땅 한 평 유산으로 받지 못했지만, 하늘의 기업을 소망하며 살아간다. 그것을 생각하면 마냥 기쁘고 즐겁다!

거듭난 신자는 무엇을 중심으로, 무엇을 바라고, 무엇을 기뻐하

고, 무엇을 소망하며 살까? 진실로 거듭났다면 자신을 파멸에서 살리신 주 예수 그리스도 중심으로 살아야 하지 않을까? 살아도 죽어도 예수 그리스도를 위해 존재해야 하지 않을까? 만일 아니라면 그/그녀는 거듭난 하나님의 자녀가 아니다!

예수 그리스도 중심으로 살게 도우시는 분은 성령 하나님이시다. 성령님의 역사와 도움 없이 그것은 불가능하다. 예수 그리스도를 주로 고백하는 신자 안에 계시는 진리의 성령님[99]은 그들을 위해 중보하시면서 그들을 **그리스도 중심의 거룩한 삶**[100]으로 인도하신다. 그리고 구하는 자에게 충만히 임하시고 열매를 맺게 도우신다. 그리고 **성령 충만 받으면 성결한 삶을 유지**할 수 있다. 성령님의 임재와 충만하심이 없다면 거룩한 생활은 불가능하다. 거듭난 참된 신자는 하늘 아버지의 거룩하심 같이 하나님을 두려워하는 가운데 **거룩한 삶**을 위해 최선을 다한다.[101]

6. 감사와 찬양의 삶

감사로 제사를 드리는 자가 나를 영화롭게 하나니 그의 행위를 옳게 하는 자에게 내가 하나님의 구원을 보이리라(시 50:23)

이스라엘의 찬송 중에 계시는 주여, 주는 거룩하시니이다(시 22:3)

여호와를 찾는 자는 그를 찬송할 것이라(시 22:26)

이 백성은 내가 나를 위하여 지었나니 나를 찬송하게 하려 함이니라(사 43:21)

날마다 우리 짐을 지시는 주 곧 우리의 구원이신 하나님을 찬송할지로다   (시 68:19)

내가 노래로 하나님의 이름을 찬송하며 감사함으로 하나님을 위대하시다 하리니 이것이 소 곧 뿔이 있는 황소를 드림보다 여호와를 더욱

기쁘시게 함이 될 것이라(시 69:30-31)

나는 소망을 품고 주를 더욱더욱 찬송하리이다(시 71:14)

그러므로 우리는 예수로 말미암아 항상 찬송의 제사를 드리자. 이는 그 이름을 증언하는 입술의 열매니라(히 13:15)

죄 용서함을 받고 파멸에서 구원받은 자가 자기를 구원(구속)하신 하나님을 향하여 감사하지 않고 찬양하지 않는 것을 상상이라도 할 수 있겠는가? 그렇지 않다면 그/그녀는 예수를 믿어 구원받지 못한 자일 수 있다. 그렇지 않다면 무엇으로 그것을 증명할 수 있겠는가?

감사thank**는 생각**think**에서 나온다.** 다시 말하면, 하나님께서 주신 큰 구원의 은혜를 생각하는 데서 감사가 우러난다. 생각이 없으면, 감사는 우러나지 않는다.

한편, 믿음으로 거듭난 구원받은 자녀는 찬양으로 자신의 삶을 물들인다. 다윗은 찬양으로 자신의 삶을 채웠다. 세상적인 욕심으로 채운 것이 아니라, 감사와 찬양으로 자신의 삶을 가득 채웠다. 초기 그리스도교의 한 영성가는 **"여러분이 다니는 길이 여러분의**

기도를 기억하게 하고, 여러분의 찬양을 기억하게 만들라"고 했다. 우리가 다니는 길이, 우리가 거하는 처소가 우리의 근심과 한숨보다는 감사기도와 찬양으로 채워진다면 하나님의 은혜로 거듭난 표지가 아니겠는가?

7. 중보와 증거하는 삶

예루살렘이여, 내가 너의 성벽 위에 파수꾼을 세우고 그들로 하여금 주야로 계속 잠잠하지 않게 하였느니라. 너희 여호와로 기억하시게 하는 자들아, 너희는 쉬지 말며 또 여호와께서 예루살렘을 세워 세상에서 찬송을 받게 하시기까지 그로 쉬지 못하시게 하라(사 62:6-7)

이 땅을 위하여 성을 쌓으며 성 무너진 데를 막아서서 나로 하여금 멸하지 못하게 할 사람을 내가 그 가운데에서 찾다가 찾지 못하였으므로(겔 22:30)

내가 복음을 전할지라도 자랑할 것이 없음은 내가 부득불 할 일임이라. 만일 복음을 전하지 아니하면 내게 화가 있을 것이로다(고전 9:16)

어떤 건물에 불이 나서 아래층에서부터 맹렬한 불길이 타오르는데 그 건물 방 여러 곳에 내 가족, 친지, 친구들이 깊이 잠들어 있다고 하자. 내가 그 타오르는 불길을 먼저 보았다면 어떻게 하겠는가? "불이야~" 소리 지르며 그들을 깨워 빨리 대피시키는 것이 정상 아니겠는가? 그런데도 소리 질러 깨워 대피시키지 않고 불구경하고 감상(?)만 하고서 태연히 앉아있다면 아주 비정상인 사람이다. 믿음으로 거듭난 하나님의 자녀로서 하나님의 불심판과 지옥을 믿는다면, 그렇게 태연히 앉아있을 수 없다. 만일 소리 지를(복음증거) 그런 뜨거운 마음과 열정이 없다면, 그/그녀의 거듭남을 의심할 수밖에 없다.

다른 한편, 세상과 하나님 사이에서 **중보의 사명과 생명의 복음의 전달자**, 복음의 일꾼의 사명을 감당하려는 의지와 열정이 없다면, 어찌 그/그녀를 불 못에서 건짐받은 하나님의 자녀라고 말할 수 있을까?

우리는 **신령과 진리의 예배자, 중보자**, 그리고 잃어버린 영혼에게 나아가서 복음을 전하여 구원받게 할 **복음의 증인**으로 부름받았다. 우리가 세상에 남아 있는 이유도 바로 그것이다. 사도 바울은 **복음증거는 피할 수 없는 숙명**Ananke이라고 고백했다. 만일 복음을 증거하지 않으면 그의 이름이 생명책에서 지워지는 저주를 받는다고 생각했다. 그만큼 복음전도는 시급한 사명인즉, 하나님께로부터 거듭난 자들이 아니면 할 수 없는 일이다.

나오는 말

오래전, 남미에서 사교 집단의 자살 파티가 있었다. 이 사건을 일간지에 기고한 어느 분은 말했다: "인간은 두 가지 선택밖에 할 수 있는 능력이 없다. 즉 자신들이 믿어 온 거짓 진리를 끝까지 진리라 믿고 고수해 나가든지, 아니면 자신을 파괴할 수밖에 없다."

이런 일은 비단 사이비 종교에서 일어나는 현상만은 아닐 것이다. 전통적이고 보수적인 종교 혹은 교회mainline churches 내에서도 얼마든지 일어날 수 있는 일이다. 거짓 믿음과 유사 믿음에 안주하고 있으면서도 자신을 구원받은 자로 치부하고 또 그렇게 되기를 바라면서 계속 종교생활을 고집해 나갈 수도 있지 않겠는가?

예수님을 인격적으로 영접한 이후 새로운 삶의 내용이나 거듭남의 표지도 없이 입으로만, "믿음" "구원"을 외쳐대는 종교인들이 오늘날 교회 안에 얼마나 많은가? 또한 참된 회개와 믿음, 그리고 값을 지불해야 할 제자도를 가르치지 않고 오히려 값싼 구원과 은혜만 강조하여 교회 안에 모인 자들로 하여금 그릇된 신앙관에 안주하게 만드는 주의 종들이 얼마나 많은가? 이제 하나님의 거룩하심과 공의와 심판, 그리고 천국과 지옥에 대한 설교는 골동품 전시장에나 가야 구경할 수 있게 된 현실이 슬프고 안타깝기만 하다!

한마디로 교회의 세속화는 밤하늘을 수놓는 붉은 십자가들만큼이나 밝게(?) 빛난다. 하나님의 거룩한 진리의 말씀과 그에 합당한 성도들의 행실이 빛나야 하는데, 지금의 사정은 전혀 그렇지 않다. 어떻게 해야 할까?

먼저, 목회자들이 하나님께로 돌아가야 한다. 말씀으로, 성결로 돌아가야 한다. 세속적인 성공과 그에 따른 보상을 바라지 않고 십자가를 져야 한다. 인기, 명예, 출세, 경제적 이익 등을 포기하고 주님이 가신 비아 바돌로사Via Badolosa 길을 가야 한다. 그런 삶을 신자들에게 보여주어야 한다. 신자들은 목회자의 설교보다는 삶을 주시한다.

둘째, 교회 안에 모여드는 자들은 진심으로 회개하고 예수님을 영접해야 한다. 그리고 난 후 **성결한 삶**을 추구해야 한다. 이 모든 일은 성령 하나님만이 하실 수 있다! 우리는 쉬지 않고

오! 성령이여 오소서!Beni Sancte Spiritus
성령이여 우리 안에 머무소서!Mane Sancte Spiritus.

하고 기도해야 한다.

그리고 쉬지 않고 기도의 무릎을 꿇어야 한다. 나는 개인적으로 "내가 다시 세상에 올 때 믿음을 보겠느냐?"(눅 18:8)는 예수님의 말씀을 "내가 세상에 다시 올 때 기도하는 자를 보겠느냐?"는 말씀으로 생각한다.

오늘 교회 안에서, 신자들의 삶에서 기도가 사라지고 있다. 이것은 사탄 마귀가 가장 기뻐하는 일이다. 기도만 없으면 사탄 마귀는 쉽게 교회와 신자들을 자신의 수중에 넣을 수 있다!

참고도서

알란 리챠드슨. 「과학, 역사, 신앙」 현영학 역. 서울: 대한기독교서
    회, 4291.

김세윤. 「칭의와 성화」 서울: 두란노, 2013.

Martin Luther, *Two Kinds of Righteousness*, London: Erdmanns, 1899.

St. Tresa of Avila. *Interior Castle*. New York London Toronto Sydney: An
    image Books, 1944.

미주

1) 요한복음은 보내심의 공식(sending formula)과 내어주심의 공식(giving formula) 두 공식을 뼈대로 구성되어 있다. 그리고 그 모형(typology)은 우리가 잘 아는 바와 같이 모리아 산에서 사랑하는 독자를 아낌없이 드린 아브라함의 제사다.

2) 빌 2:5-11: 초대교회 그리스도 찬송시. 초대교회는 예배를 위해 모일 때마다 이 찬송시를 불렀다. 팔레스틴 교회가 지닌 원문에 사도 바울이 자신의 십자가 신학을 첨가하여 현재 형태로 완성되었다고 한다.

3) 메타노이아(Metanoia): 이에 대해서는 차후 자세히 설명할 것이다.

4) 복음은 "하나님의 복음" 즉 "하나님께로부터 온 복음"이며 그것은 "아들" 곧 예수다(롬 1:1-). 그리고 복음의 내용은 고전 15:3-4인즉(사도들이 입으로 전한 복음) 원복음(proto-Gospel)이라고 한다.

5) Justification by faith라고 표현하는데, by는 행위가 되므로 나는 개인적으로 through(통하여)를 선호한다.

6) 이에 대해서도 성경을 근거로 차후 밝힐 것이다.

7) 사 1:11-14, 마 23:23.

8) 신앙의 노력을 성령 안에서의 경건생활과 믿음의 헌신이라 해 두자!

9) 이 문제의 논의를 위해서 김세윤의 「칭의와 성화」(서울: 두란노, 2013)를 참조하라. 그는 이 책에서 칭의의 복음이 바울의 윤리적인 가르침과 연결이 안 된다는 학자들의 비판을 비판한다.

10) 소위 에더프스 콤플렉스Edifice complex 때문인 경향이 농후하다. 교회는 지상에서 번영하기 위해 존재하지 않는데, 옆의 교회가 건축물을 크게 지으니 콤플렉스 때문에 따라서 크게 짓는다. 어떤 경우는 부채를 감당하지 못해 부도가 나기도 한다.

11) 교회를 대형화하면 성공한 목회자로 추앙받는다.

12) 구약의 참 선지자들은 회개를 강조했지만, 거짓 선지자들은 "평안하다, 평
안하다"고 아첨하면서 자신들의 배를 채웠다.

13) 믿음과 믿음주의는 확연히 다르다. 믿음주의faithism는 믿음을 가장한 이
데올로기나 자기 위로의 수단과 방편에 불과하다.

14) 미국은 가정폭행 당하는 여성들이 피난할 사회적 보호기관인 쉘터가 마련
되어 있다.

15) 마 7:21.

16) 알란 리차드슨, 「과학, 역사, 신앙」(서울: 대한기독교서회, 단기 4283),
123-124.

17) 엡 4:15, 빌 2:12.

18) 이를 딴 의(alien righteousness) 혹은 밖에서 온 의라고 한다. 하나님이 전
가해 주시는 은총이기 때문이다.

19) Martin Luther, *Two kinds of Righteousness*(London: Erdmanns, 1899),
67.

20) 약 2:26.

21) 마태와 야고보가 강조한 복음은 반反바울Anti-Paul이 아니라 반 바울주의
Anti-Paulism다. 즉 열매나 표지도 없이 허황되게 떠드는 '믿음주의'에 대
한 경계다.

22) 마 5:33(참조: 25:1-13).

23) 물론 성령께서 하시는 일이지만, 우리 인간 편의 경건 노력도 있어야 한다.

24) 신 4:7. 사랑하는 자들은 서로를 가까이한다. 하나님을 사랑하는 영혼은 기
도로 하나님을 가까이한다.

25) 고전 13:13, "믿음 소망 사랑 이 가운데 제일은 사랑이라"에서 사랑은 참여
participation다.

26) 주일 성수는 하나님과 나 사이의 관계의 표징이다. 칼 바르트는 주일 성수
는 창조신앙의 고백이라고 했다. 주일을 하나님의 날로 인정하지 않는 자
가 하나님의 창조를 믿는 것은 불가능하다.

27) 말 3:7. 십일조를 하지 않는 자는 아직 하나님께로 돌아가지 않은 자이다.

하나님의 주권, 소유권, 활용권을 인정하지 않는 자이다. 즉 하나님을 주로 모시지 않는 자이다.

28) 감사와 찬양은 하나님을 영화롭게 한다.

29) 벧전 4:10.

30) 갈 5:22-23: 사랑, 희락, 화평, 오래 참음, 자비, 양선, 충성, 온유, 절제.

31) 엡 5:8-9: 착함, 의로움, 진실함.

32) 마 5:16.

33) 히 12:28-29.

34) 히 10:25.

35) 깨어서 기도하라는 것은 주님의 명령이다.

36) 고후 13:5.

37) 복음은 하나님의 복음이다. 곧 복음의 출처는 하나님이시다. 하나님께서 복음을 주시지 않으면 구원은 불가능하다(참조: 딛 2:11, "모든 사람에게 구원을 주시는 하나님의 은혜가 나타나…").

38) 창세기 3:15는 복음의 원형. 여자의 후손을 통한 구원은 예수 그리스도에 의한 구원을 계시한다.

39) 우리 죄를 위해(대신하여) 십자가에서 죽으심, 장사, 그리고 사흘만의 부활.

40) 칭의(justification), 중생(Regeneration), 그리고 자녀됨(adoption). 이 세 가지는 동시에 일어난다. 그리고 논리적 순서로는 칭의-중생-입양이다.

41) Philip Sharff, *The Principle of Protestantism*(Eugene, Oregon: Wipf & Stock, 1999), 80.

42) 십자가의 사건은 우리 밖에서 일어난 사건이지만 우리를 위한 사건이다. 그러므로 우리와 절대적인 관계를 가진다.

43) 하나님은 부활을 통해서 예수를 주로 인증vindication하셨다. 즉 예수께서 하신 말씀이 옳았다는 것을 인증해주신 사건이 부활이다. 예수님은 자신을 하나님으로 간접적으로 선포하셨다. 학자들은 이를 간접기독론이라고 부른다: 죄사함의 권세, 안식일의 주인, 모세보다 큰 이, 성전에 대한 태

도("이 성전을 헐라, 내가 사흘 만에 다시 일으키리라"), 그리고 자기 선언 Self-Proclamations 등("나는 …이다")

44) 물론 구원 이후로 영적 성장과 성숙의 단계로 나아간다.

45) 렘애 5:21, "여호와여 우리를 주께로 돌이키소서. 그리하시면 우리가 주께로 돌아가겠사오니 우리의 날들을 다시 새롭게 하사 옛적 같게 하옵소서."

46) 삶의 가치관, 삶의 목표가 바뀐다.

47) 시 51편.

48) 미 7:19.

49) 사 38:17.

50) 시 103:12.

51) 요일 2:16-17: 육신의 정욕, 안목의 정욕, 이생의 자랑. 그리스도인의 영성은 집착attachment이 아니라 초연detachment이다.

52) 잠 6:16-19: 교만, 거짓, 무죄한 자의 피를 흘림, 악한 마음, 악으로 향하는 발, 거짓 증언, 형제 사이를 이간함.

53) 마 15:19: 악한 생각, 살인, 간음, 음란, 도둑질, 거짓 증언, 비방.

54) 롬 1:29-31, 약 3:14-15. 불경건("하나님이 없다")을 위시한 모든 불의(불경건의 열매), 즉 추악, 탐욕(우상숭배: 골 3:5), 악의, 시기와 다툼(귀신이 주는 지혜), 살인, 분쟁, 사기, 악독, 수군거림, 비방, 능욕, 자랑, 악 도모, 부모 거역, 우매, 배약, 무정, 무자비.

55) 잠 26:11.

56) 요 13:2, "마귀가 가룟 유다의 마음에 예수를 팔 생각을 넣었더라." 13:27, "조각을 받은 후 곧 사탄이 그 속에 들어간지라."

57) 바울은 로마서 12:1-2에서 우리의 속사람morpe이 바뀌어야 한다고 말하는데, 어떤 성경은 이것을 사고체계thought system로 번역하고 있다.

58) 벧후 5:9.

59) 시 119:11, "내가 주께 범죄하지 아니하려 하여 주의 말씀을 내 마음에 두었나이다."

60) 엡 6:17, "성령의 검 곧 하나님의 말씀을 가지라."

61) 고전 10:31.

62) 딤전 6:11, "너 하나님의 사람아!"

63) 요 3:1-8.

64) 온전wholeness을 향한 성장. 참조: 엡 4:13, "온전한 사람을 이루어 그리스도의 장성한 분량이 충만한 데 이르리니." 골 1:22, "거룩하고 흠 없고 책망받을 것이 없는 자."

65) 골 3:2.

66) 엡 4:24.

67) 골프하는 사람들을 비난하는 것은 결코 아니다. 주일을 경히 여기기 때문이다.

68) 말 3:7. 십일조는 율법이 아니다. 율법이 있기 전에 믿음의 조상 아브라함이 십일조를 드렸고, 예수님도 십일조를 드리라고 말씀하셨다(마 23:23).

69) Teresa of Avila, *Interior Castle*(New York London: An Image Book, 1944), 13-15.

70) 우리가 주기도문을 통해 악에서 건져달라는 간구는 악한 사탄으로부터 건져달라는 기도이다.

71) 롬 8:26.

72) 출 16:13-15, 민 11:6, 히 4:12. 말씀을 듣고 순종으로 응답하는 믿음의 행위는 종말에 있을 안식을 "지금 여기서" 누리는 것이다. 즉 종말의 안식에 현실적 참여다.

73) 욥 23:12.

74) 시 63:6 "내가 나의 침상에서 주를 기억하며 새벽에 주의 말씀을 작은 소리로 읊조릴 때에 하오리니."

75) 마 6:33, "너희는 먼저 그의 나라와 의를 구하라", 마 5:6, "의에 주리고 목마른 자는 복이 있나니."

76) 마 5:10 "의를 위하여 박해를 받은 자는 복이 있나니."

77) 마 5:20, "너희 의가 서기관과 바리새인보다 더 낫지 못하면 결코 천국에 들어가지 못하리라."

78) 약 3:14-18, "그러나 너희 마음속에 독한 시기와 다툼이 있으면 자랑하지
말라. 진리를 거슬러 거짓말하지 말라. 이러한 지혜는 위로부터 내려온 것
이 아니요 땅 위의 것이요 정욕의 것이요 귀신의 것이니 시기와 다툼이 있
는 곳에는 혼란과 모든 악한 일이 있음이라. 오직 위로부터 난 지혜는 첫째
성결하고 다음에 화평하고 관용하고 양순하며 긍휼과 선한 열매가 가득하
고 편견과 거짓이 없나니 화평하게 하는 자들은 화평으로 심어 의의 열매
를 거두느니라."

79) 마 22:37-39, "예수께서 이르시되 네 마음을 다하고 목숨을 다하고 뜻을 다
하여 주 너의 하나님을 사랑하라 하셨으니 이것이 크고 첫째 되는 계명이
요 둘째도 그와 같으니 네 이웃을 네 자신 같이 사랑하라 하셨으니 이 두
계명이 온 율법과 선지자의 강령이니라."

80) 계 2:1-7.

81) 엡1:15. "이로 말미암아 주 예수 안에서 너희 믿음과 모든 성도를 향한 사
랑을 나도 듣고."

82) Chak Adizes, *Corporate Life Cycles*(Englewood Cliffs, New Jersey:
Prentice Hall, 1988), 2-64.

83) 눅 15:22.

84) 마 22:39.

85) 고전 10:13.

86) 고후 4:8-9.

87) 히 4:5, 7:25.

88) 빌 3:10-12.

89) 위의 것을 찾는다.

90) 요일 2:15-17.

91) 욥 1:21.

92) 고후 7:10.

93) 갈 6:8.

94) 단 6:10.

95) 사 58:6-7.

96) 잠 19:17.

97) 복음전도는 신자의 숙명(아낭케)이다.

98) 여기서 말하는 복은 세속적인 복이다. 한때 그것이 성행했다.

99) 고전 12:3.

100) 요 14:16-17.

101) 레 11:45, 벧전 1:15.

값싼 은혜와 구원에 속지 말라

발행일 2021년 11월 25일 초판 1쇄 발행

지 은 이   이기승
발 행 처   선교횃불
등 록 일   1999년 9월 21일 제54호
등록주소   서울시 송파구 백제고분로27길12 (삼전동)
전   화   (02) 2203-2739
팩   스   (02) 2203-2738
이 메 일   ccm2you@gmail.com
홈페이지   www.ccm2u.com